Date : _____

. . . . ◆ . . . . ◆ . . . . ◆

. . . . ◆ . . . . ◆ . . . . ◆

. . . . ◆ . . . . ◆ . . . . ◆

Date : _____

Date : _____

Date : _____

Date : _____

Date : _____

Date : _____

Date : _____

Date : _____

Date : _____

Date : _____

Date : _____

Date : _____

Date : _____

Date : _____

Date : _____

Date : _____

Date : _____

Date : _____

Date : _____

Date : _____

Date : _____

Date : _____

Date : _____

Date : _____

Date : _____

Date : _____

Date : _____

Date : _____

Date : _____

Date : _____

Date : _____

Date : _____

Date : _____

Date : _____

Date : _____

Date : _____

Date : _____

Date : _____

Date : _____

Date : _____

Date : _____

Date : _____

Date : _____

Date : _____

Date : _____

Date : _____

Date : _____

Date : _____

Date : _____

Date : _____

Date : _____

Date : _____

Date : _____

Date : _____

Date : _____

Date : _____

Date : _____

Date : _____

Date : _____

Date : _____

Date : _____

Date : _____

Date : _____

Date : _____

Date : _____

Date : _____

Date : _____

Date : _____

Date : _____

Date : _____

Date : _____

Date : _____

Date : _____

Date : _____

Date : _____

Date : _____

Date : _____

Date : _____

Date : _____

Date : _____

Date : _____

Date : _____

Date : _____

Date : _____

Date : _____

Date : _____

Date : _____

Date : _____

Date : _____

Date : _____

Date : _____

Date : _____